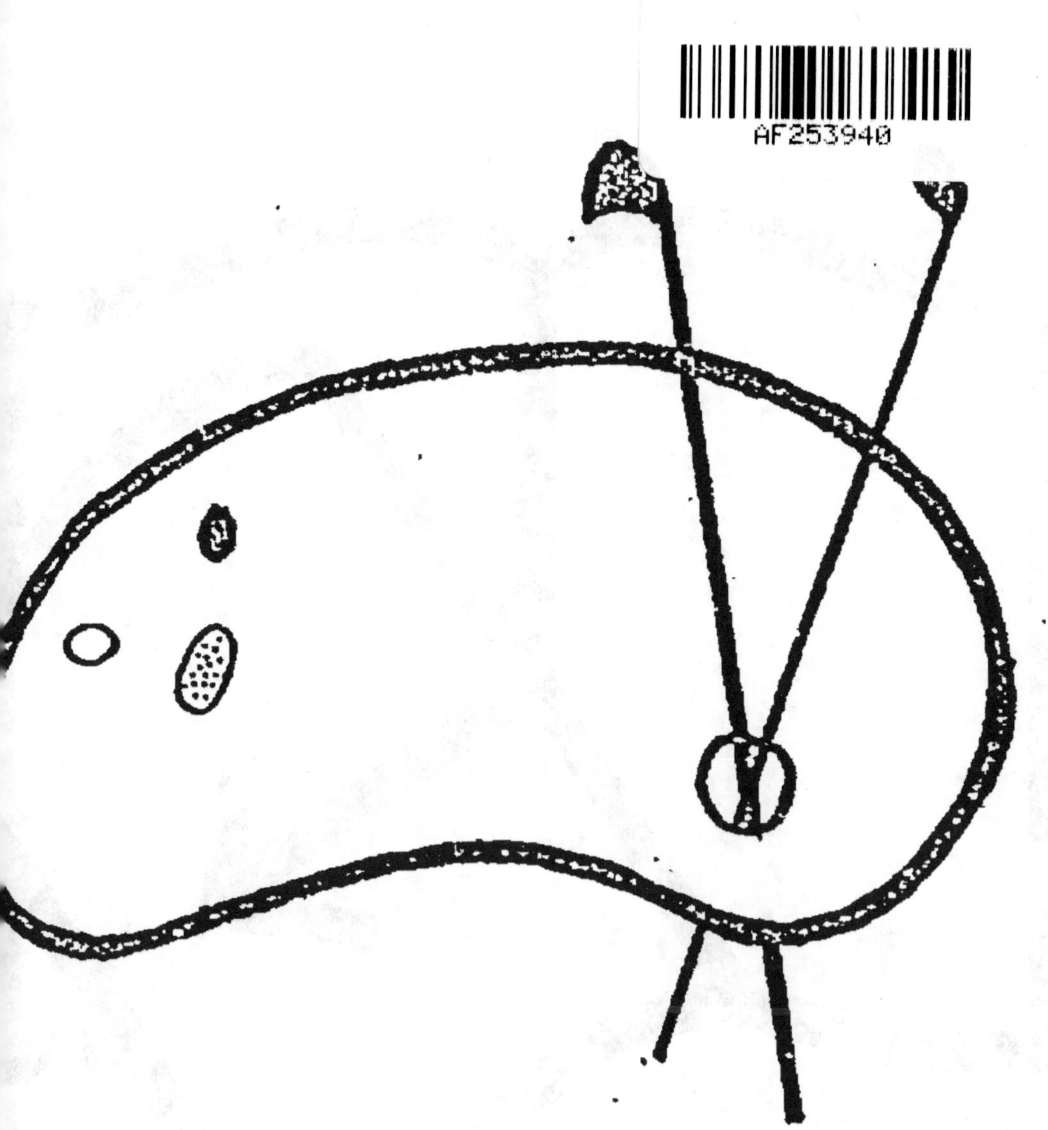

ORIGINAL EN COULEUR

NF Z 43-120-8

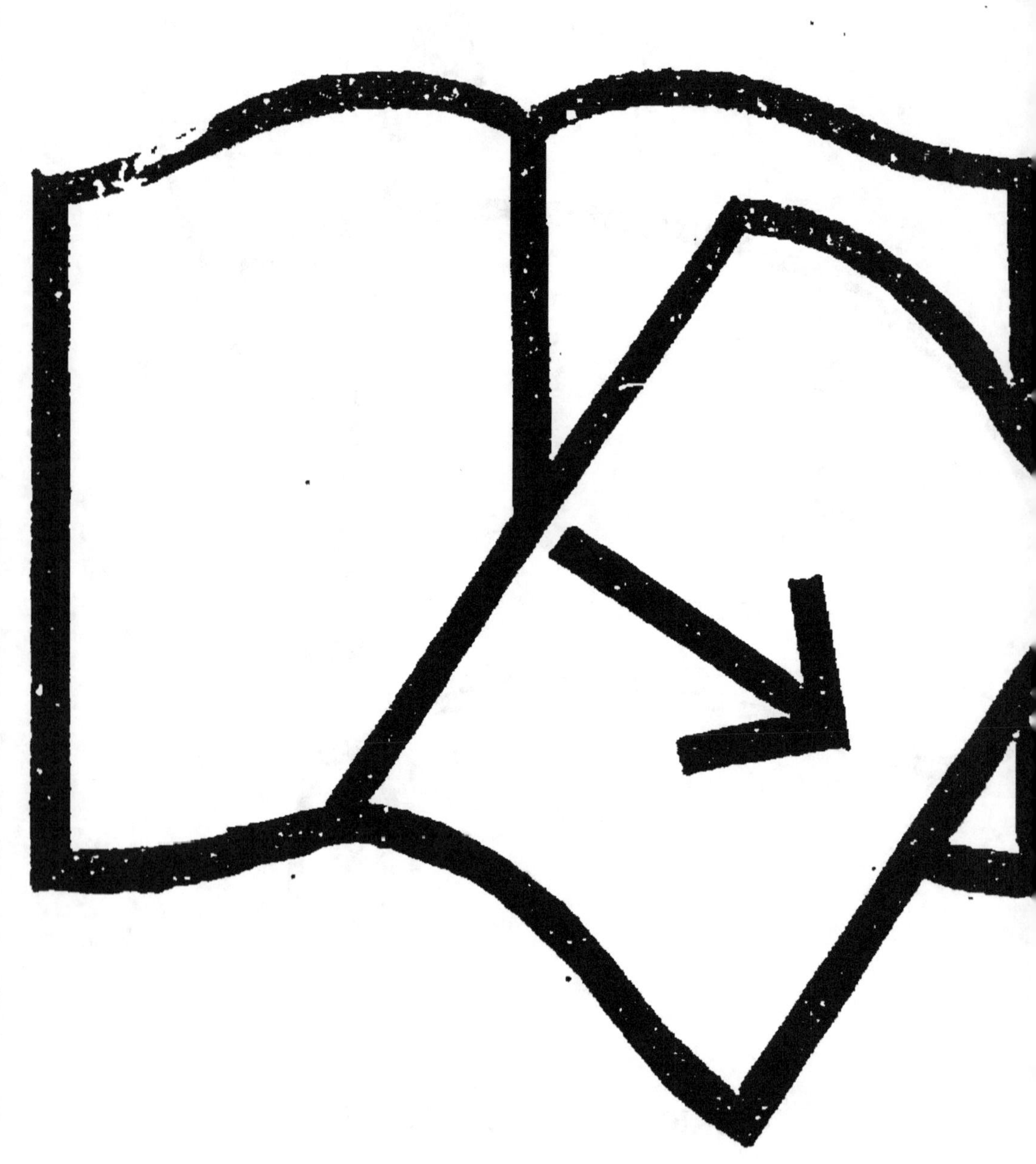

Couverture inférieure manquante

LES VICTIMES

DE

QUIBERON

LISTE NOMINATIVE

DRESSÉE PAR LE GÉNÉRAL LEMOINE

ET PUBLIÉE PAR

M. Joseph DENAIS

Membre de la Commission Archéologique de Maine-et-Loire et des Sociétés
nationales d'Agriculture, Sciences, Arts et Belles-Lettres d'Angers,
de la Sarthe, d'Indre-et-Loire, etc.

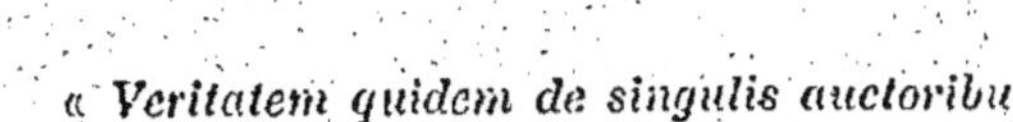

« *Veritatem quidem de singulis auctoribus*
» *concedentes : ipsi autem secundum datam*
» *formam brevitate studentes.* »
(Pros. 2, Mach. 2, v. 29, Script. Sanct.)

PARIS

BACHELIN-DEFLORENNE, LIBRAIRE-ÉDITEUR
3, quai Malaquais, 3
AU PREMIER, PRÈS L'INSTITUT.

1873

LES VICTIMES

DE

QUIBERON

TIRÉ A CENT EXEMPLAIRES.

N° 88

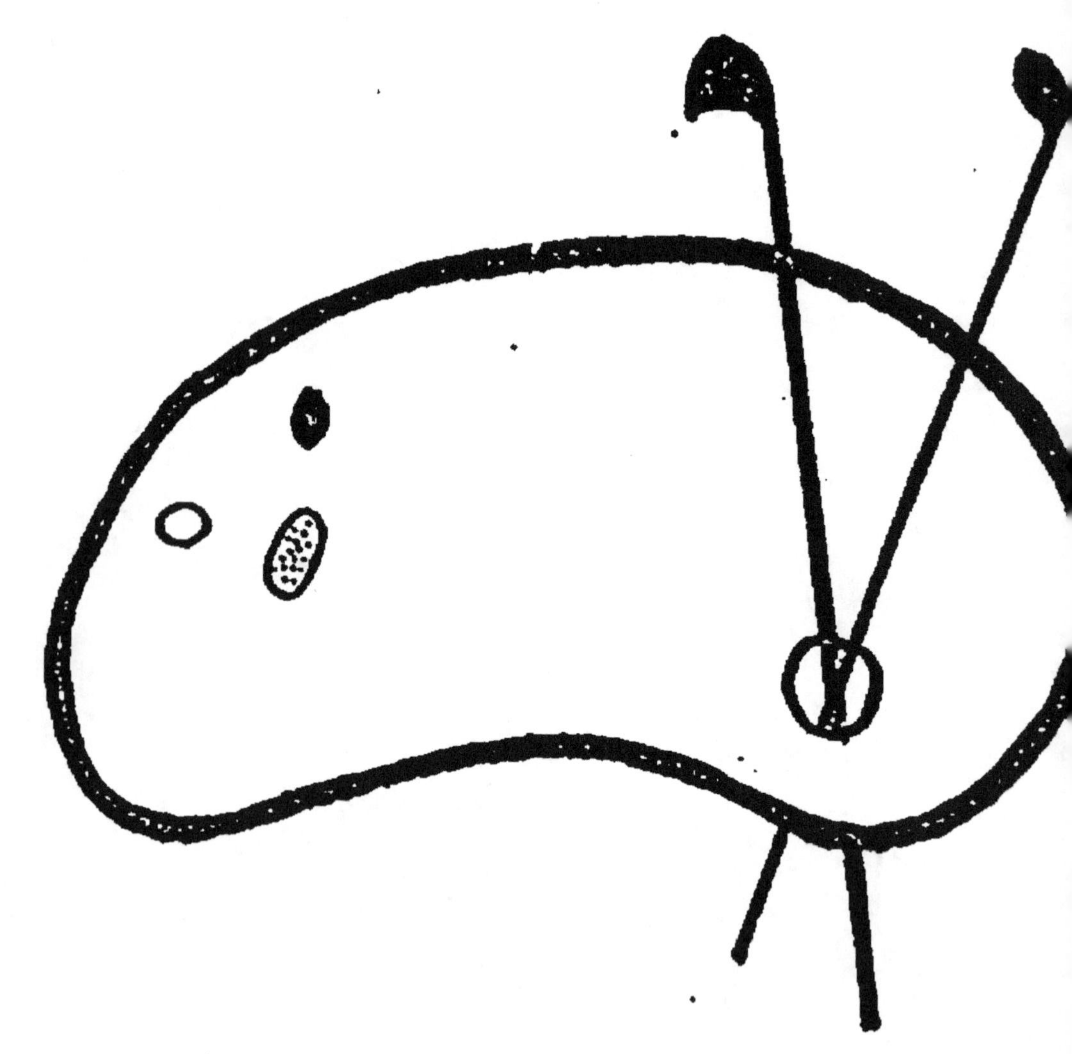

ORIGINAL EN COULEUR
NF Z 43-120-8

LES VICTIMES

DE

QUIBERON

LISTE NOMINATIVE

DRESSÉE PAR LE GÉNÉRAL LEMOINE

ET PUBLIÉE PAR

M. JOSEPH DENAIS

Membre de la Commission Archéologique de Maine-et-Loire et des Sociétés
nationales d'Agriculture, Sciences, Arts et Belles-Lettres d'Angers,
de la Sarthe, d'Indre-et-Loire, etc.

« Veritatem quidem de singulis auctoribus
» concedentes : ipsi autem secundum datam
» formam brevitate studentes. »

(Pros. 2, Mach. 2, v. 29, Script. Sanct.)

PARIS

BACHELIN-DEFLORENNE, LIBRAIRE-ÉDITEUR

3, quai Malaquais, 3

AU PREMIER, PRÈS L'INSTITUT.

—

1873

LES VICTIMES
DE QUIBERON

D'APRÈS

LE MANUSCRIT DU GÉNÉRAL LEMOINE.

> *« Veritatem quidem de singulis auctoribus*
> *» concedentes : ipsi autem secundum datam*
> *» formam brevitate studentes. »* (Ecrit. Sainte,
> Pros. 2, Mach. 2, V. 29.)

Après tout ce qui a été dit sur l'expédition de Quiberon par les divers historiens et chroniqueurs de la Révolution française (1), nous ne prétendons pas donner ici une notice nouvelle sur cet épisode, le plus dramatique peut-être de nos guerres intestines.

Toutefois, comme dans une question historique de cette importance, nombre de points sont encore restés obscurs ou inexpliqués, nous pensons que les moindres détails doivent être précieusement recueillis.

La pièce que nous imprimons aujourd'hui, sans y rien changer (pas même l'orthographe des noms si peu respectée), nous a été communiquée fort obligeamment par le petit-neveu d'une des victimes, M. le chanoine Le Boucher, curé de Beaufort-en-Vallée, dont le cabinet conserve encore plus d'un objet curieux.

---

(1) *V.* entre autres, et à divers points de vue, les *Histoires de la Révolution française* de Thiers, Poujoulat, Louis Blanc, Mignet, Lamartine ; *Hist. de France* d'Am. Gabourd, celles de Th.-H. Martin et de Lebas, et surtout la *Vendée militaire* de Crétineau-Joly, *et Bretagne et Vendée*, de M. Pitre-Chevallier, où se trouvent de nombreux renseignements sur les personnages cités dans notre publication. — *V.* encore le *Champ des Martyrs*, publié sur Quiberon par M. de Sesmaisons ; *Quiberon, souvenir du Morbihan*, par M. Alfred Nettement (1869), etc...

Comme on le verra, ce manuscrit n'a pas été rédigé sur des données banales ou de pure fantaisie; c'est un document officiel, présenté au général Hoche par son subordonné, le général Lemoine.

L'auteur était certes placé pour bien voir : il partageait le commandement de l'armée républicaine avec Humbert, Crublier, Mermet, Cherin et Vernot-Dejeu. D'abord chargé par Canclaux d'amener des renforts au jeune et brillant général Hoche, il dirigea lui-même l'attaque du 16 juillet, après avoir improvisé les fourneaux à boulets rouges qui devaient servir contre la flotte anglaise. Le 19, il assistait avec Humbert et autres à la terrible lutte qui se livrait entre les armées royalistes et républicaines; puis, aussitôt que le sort des armes eût décidé de la victoire en faveur de Hoche, Lemoine reçut le commandement du Morbihan, pendant que son général en chef prenait, avec douze bataillons d'élite, la route de Saint-Malo.

« Révolutionnaire exalté, féroce par principe ou par besoin, comme dit M. Crétineau-Joly, Lemoine se vit chargé de tout l'odieux des jugements et des exécutions militaires. » Son témoignage est donc d'une authenticité incontestable ; aussi croyons-nous la liste qui suit intéressante à plus d'un titre, et nous la transcrivons scrupuleusement.

ETAT NOMINATIF

DES

PRISONNIERS ÉMIGRÉS

FAITS DANS LA PRESQU'ILE DE QUIBERON.

Prénoms et Noms. — Qualités. — Communes (C). *— Districts* (D).
Départements.

Charles DE SOMBREUIL, capitaine au régiment d'Austrasie, C. Limoges, D. Limoges, Haute-Vienne.

Urbain-René DE HERSÉ, évêque de Dôl, C. Mayenne, D. Mayenne, Mayenne.

François-Pierre RENISSEC, grand vicaire, C. Ville affranchie, D... Rhône et Loire.

François DE HERSÉ, grand vicaire de Dol, C. Mayenne, D. Mayenne, Mayenne.

René LALANDEL, ex-noble, C. Vannes, D. Vannes, Morbihan.

François PETIT-GUYOT, noble, C. Apremont, D... Haute Somme.

Julien GAUTIÉ, prêtre, C. Plelaud, D... Ile et Vilaine.

Nicolas BOULARD, prêtre et curé, C. Tours, D. Tours, Indre et Loire.

Jâques Pierre GOUROT, prêtre et curé, C. St-Georges, D. Montaigu, la Vendée.

François FLATTIN, prêtre, C. Tual, D. Port Malo, Ile et Vilaine.

Jean Baptiste GUEGUÉ, prêtre, C. Guedvenir, D. Fontenai, la Vendée.

Pierre François BREHEREC, prêtre et curé, C. le Roc et Bricol, D. Angers, Maine et Loire.

Jean GÉRARD, prêtre et curé, C. Montauban. D. Montfort, Ile et Vilaine.

L. René Patrice LEGAL, prêtre, C. Bréal, D. Montfort, Ile et Vilaine.

Franç. Dominique CASTIN, prêtre, C. Detouche, D. St-Jean d'Angeli, Charente Inférieure.

R. V. GILARD L'ARCHANTEL, prêtre, C. Quimper, D. Quimper, Finistère.

Antoine JEANNOT, laboureur, C. Brynau, D. Josselin, Morbihan.

Pierre SEVESTRE, étudiant, C. Tournai, D. Caen, Calvados.

Louis LE CLERE, bourgeois, C. Tantigni en Brabant.

Ciprien FRENARDENT, ex-noble, C. Geaubau, D. Cherbourg, Manche.

Louis VAUCASSEL, ex-noble, C. Avennes, D. Avennes, Nord.

Etienne BEAUVAIS, marchand, C. Bruxelles en Brabant.

Charles CHENU, ci-devant capitaine au 9e régiment d'infanterie.

Joseph LA ROUSSILLE, ex-noble, C. Berteson, D. Billon, Puy de Dôme.

Alexis HEBERT, gantier, C. Caen, D. Caen, Calvados.

Charles PUNIET, ex-noble, C. Moncuc, D. Lozere, Lot.

Jacques Joseph DU BOICETIER, ex-noble, C. Hennebon, D. Hennebon, Morbihan.

Louis DURY, volontaire de la m(arine), C. Donjon, D. Donjon, Deux-Sevres.

Joseph RAOUL, ex-noble, C. Chatillon, D. Chatillon, Deux-Sevres.

L. J. Casimir LA FERANDIÈRE, ex-noble, C. Bar, D. Bar, Meuse.

Louis D'ASSERAC, ex-noble, C. Paris, D. Paris, Paris.

Georges-Noël LOUET, ex-noble, C. Angers, D. Angers, Mayenne et Loire.

Henry VIART, ex-noble, marin, C. Rochefort. D. Rochefort, Charente Inférieure.

Pierre LASSEINIE, chevalier de Malthe, C. St-Triel, D... Haute Vienne.

Theodore LASSEINIE, chevalier de Malthe, C. St-Triel, D... Haute Vienne.

Charles VIART, ex-noble, C. Husseau, D. Chatreteau, Haute Vienne.

Hippolyte SALVE, aspirant à la marine, C. Manosque, D. Manosque, Basses Alpes.

François COMPAROT, étudiant, C. Troyes, D. Troyes, l'Aube.

Pierre DU PLESSIS, soldat déserteur, C. St-Aubin, D. Montflanquin, Lot et Garonne.

Gabriel Etienne BOURDON, aspirant à la marine, C. Chateaugontier, D. Laval, Mayenne.

J. S. M. LAGARIGUE, ex-noble, C. Rochefort, D. Rochefort, Charente Inférieure.

René LE NORMAND DE GARAT, ex-noble, C. Avranches, D. Avranches, la Manche.

Gui DE FORGES, ex-noble, C. Vannes, D. Vannes, Morbihan.

Charles D'ANGLAS, ex-noble, C. Lacham, D. S.-Jean d'Angely, Charente Infé-rieure.

René LELIEVRE, maître d'école, C. de St-Clément de C., D. Chateaugontier, Mayenne.

Charles CAZAUX, étudiant, C. Musil, D. St-Farjau, l'Yonne.

Yves François DU ROCHER, étudiant, C. Nantes, D. Nantes, Loire Inférieure.

Gilbert GUERRY, chevalier de Malthe, C. Dompierre, D. Roche sur Yon, la Vendée.

Charles GUERRY, chevalier de Malthe, C. Dompierre, D. Roche sur Yon, la Vendée.

P. A. VULFRAM L'ANGLAIS, prêtre curé, C. Neville, D. Canic, Seine Inférieure.

Simon LE PRINCE, étudiant, C. Dieppe, D. Dieppe, Seine Inférieure.

Jean FALVARD, ex-noble, C. Perpesat, D. Germont, Puy Dôme.

Charles REYNARD, ex-noble, C. Peronne, D. Peronne, la Somme.

Louis PARFOURIE, ex-noble, C. Rocancourt, D. Caen, Calvados.

René Marie REVÉ, ex-noble, C. la Ferté-Marsé, D. Domfront, l'Orne.

L. MARGUILIER, commissionnaire, C. Mons, D. Mons, Jemmapes.

Louis Nicolas BONARD, journalier, C. Démé, D. Bapaume, Pas de Calais.

François MARTIN, étudiant, C. Dax, D. Tarascon, l'Arriege.

Pierre Joseph PENNEQUIN, bucheron, C l'Ecluse, D. Douai, Nord.

Antoine FOUGERET, meûnier, C. Gisu, D. Langere, Indre et Loire.

J. F. BELLEGARDE, ex-noble, C. Mauri, D. Bergerac, Dordogne.

Joseph DE L'ORNE, laboureur, C. Asmetrin, D. St-Florentin, l'Yonne.

Jean-Baptiste THOMAS, domestique, C. Valnou, D. St-Paul, Pas de Calais.

René AVRIL, domestique, C. Lambale, D. Lambale, Cote du Nord.

Constantin FAGET, bourgeois, C. Selinguau, D. St-Omer, Pas de Calais.

Gabriel Julien BILLOUARD, étudiant, C. Morlaix, D. Morlaix, Finistère.

Henri François BERTHAUD, étudiant, C. Montaigu, D. Montaigu, Loire Inférieure.

Hyppolite VISDELOU, étudiant, C. Rennes, D. Rennes, Ile et Vilaine.

François MALHERBE, cuisinier, C. Soulagé, D. Caen, Calvados.

Philippe ARBOU, soldat, C. St-Germain du B., D. Louen, la Somme.

Antoine G. GRANDCHAMP, ex-noble, C. Aval, D... Haute Vienne.

Mathurin CROUILLEBOIS, domestique, C. Chatillon Sum., D. Mayenne, Mayenne.

Raphael BONNEVILLE, horloger, C. St-Benin, D. Cambrai, Nord.

Pierre ARNOULT, praticien, C. Calais, D. Calais, Pas de Calais.

Louis BLAIZE, laboureur, C. Kervilan, D. Aurai, Morbihan.

Louis LEBIAN, laboureur, C. Brec, D. Aurai, Morbihan.

Michel MARINE, laboureur, C. Pluvigny, D. Aurai, Morbihan.

Julien RIBOCHON, laboureur, C. Grandchamp, D. Vannes, Morbihan.

Jacques BERIENNE, meûnier, C. Pluvigni, D. Aurai, Morbihan.

Gilbert DAPCHIER, marchand, C Ternan, D. d'Issoire, Puy-Dôme.

Nicolas BOCQUET, jardinier, C. Bélu, D. Soissons, l'Aisne.

Noel ELEC, laboureur, C. Lomariaque, D. Aurai, Morbihan.

Louis PUJOULLY, conducteur de voitures, C. Nismes, D. Nismes, Gard.

Jean GUINEDAL, laboureur, C. Plesrin, D. Vannes, Morbihan.

Mathurin MAUBERT, marechal, C. Pluvigni, D. Aurai, Morbihan.

François CAUDOU, matelot, C. Ploermel, D. Aurai, Morbihan.

Mathurin LETOUZE, tisseran, C. Landevau, D. Aurai, Morbihan.

J. M. GLAY DU GAGEC, garde du comte d'Artois, C. Quentin, D. Quentin, Côtes du Nord.

François DU MONTAIS, garde du corps, C. St-Julien, D. St-Julien, Haute Vienne.

Jean Pierre FRÉVILLE, ex-noble, C. la Haye-Routon, D. Pontaudemer, l'Eure.

Joseph Antonin MÉNARD, ex-noble, C. la Rochelle, D. la Rochelle, Charente Inférieure.

Thomas BOISANGER, ex-noble, C. Quimperlé, D. Quimperlé, Finistére.

Jean BERTHELOT, cultivateur, C. Plaritat, D. Port-Brieux, Côtes du Nord.

Jean Baptiste DEVENU,... C. d'Eterre, D. Asbroucq, Nord.

Felix GABEAU, déserteur, C. Disbergue, D. St-Omer, Pas de Calais.

Nicolas LELEU, déserteur, C. Magny, D. Douai, Nord.

François CASTINIE, cultivateur, C. Lille en Flandre, D. Lille, Nord.

Hyacinthe MOZEL, praticien, C. Fougeret, D. Bans, Loire Inférieure.

J. L. MERDY DE QUILLIEN, ex-noble, C. Pleubain, D. Laniou, Côtes du Nord.

Louis Hippolite M. URVOY PORTRAMPARC ex-noble, C. Plounerez, D. Lanion, Côtes du Nord.

Raoul PAYEN, ex-noble, C. Avranches, D. Avranches, Manche.

Charles GUERRY, chevalier de Malthe, C. Dompierre, D. Laroche, Vendée.

François BREBION, soldat déserteur, C. Quistel, D. St-Omer, Pas de Calais.

Jean Baptiste HOULIER, domestique, C. Quimbron, D. Boulogne sur M., Pas de Calais.

Thomas DOUDMAN, ouvrier, C. Valiquerville, D. Caudebec, Seine Inférieure.

Claude BRAUDIER, domestique, C. Chamoi, D. Troyes, l'Aube.

Louis DESERDILLÉ, domestique, C. Gueret, D. Gueret, Creuse.

Jean Baptiste REMY, domestique, C. Verdun, D. Verdun, Meuse.

Tranquille DUVAL, coëffeur, C. Gasseu, D. Sex, l'Orne.

Etienne LEVASSOR, domestique, C. Morancy, D. Chartres, d'Eure et Loire.

Theodore Henry Julien COLLIBEAUX, bourgeois, C. Nantes, D. Nantes, Loire Inférieure!

Paul LANTIVY, ex-noble, C. Aurai, D. Aurai, Morbihan.

Pierre ESSANOT, cultivateur, C. Ardeveine, D. Aurai, Morbihan.

Joseph OLLIER, cultivateur, C. Plolinois, D. Hennebon, Morbihan.

Jean PESEL, cultivateur, C. Plolinois, D. Hennebon, Morbihan.

Louis LETI, marchand, C. Aurai, D. Aurai, Morbihan.

François BRÉAU, soldat déserteur, C. Aurai, D. Aurai, Morbihan.

Raimond SALOUET, praticien, C. Rhodez, D. Rhodez, l'Aveyron.

Louis-Charles DE BAUPTE, militaire, C. Ecranville, D. Bayeux, Calvados.

Jacques COCHOIS, ex-noble, C. d'Aumale, D. Neuf-Châtel, Seine Inférieure.

Guillaume PIE, ex-noble, C. Châteauneuf, D. Carnaix, Finistère.

Jean GUICHETEAU, ci-devant avocat, C. Bréal, D. Montfort, Ile et Vilaine.

Henry ROBERT, ex-noble, C. Chalans, D. Chalans, Vendée.

Charles CUMIER, étudiant, C. Valenciennes, D. Valenciennes, Nord.

Jean LA HAYE, ex-noble, C. Vannes, D. Vannes, Morbihan.

Paul POULTIER, étudiant, C. Rouen, D. Rouen, Seine Inferieure.

Bertrand FAURE, ex-noble, C. Ille en Perigord, D. Ille, Dordogne.

Louis J. DUVIGNO jeune, ex-noble, C. Rochelle, D. Rochelle, Charénte Inferieure.

Louis VASCONCELLES, ex-noble, C. Autun, D. Nogent, d'Eure et Loire.

Joseph SAVIGNAC, ex-noble, C. Jonchere, D. Belac, Haute Vienne.

Pierre François ROQUEFEUILLE, ex-noble, C. Valence, D. Valence, Drôme.

Urbain Claude VIR, chirurgien, C. Sedan, D. Sedan, Ardennes.

Jean Nicolas LE GRIS, ci-devant sergent, C. Aulnay, D. Vertu, Marne.

François DUFOUR, praticien, C. Noyon, D. Noyon, l'Oise.

Charles MORISSON, ex-noble, C. St-J. des Landes, D. Sables d'Olonne, Vendée.

Jacques René DUBOIS, ex-noble, C. Jonc du Bois, D. Alençon, l'Orne.

Ch. H. A. MOUCHERON, ex-noble, C. Montier, D. Montier, Nievre.

Jean Marie MOUCHERON, ex-noble, C. Quimper, D. Quimper, Finistère.

Jean DELONNAY, domestique, C. Dam. sur Seine, D. Caen, Calvados.

Joseph MARTIN, bourgeois, C. Daignanne, D. Lodeve, l'Hérault.

Jean Nicolas VOLFF, domestique, C. Dieuze, D. Dieuze, Meurthe.

Joseph DUTERTRY, cultivateur, C. Remortier, D. Boulogne, Pas de Calais.

Jean DISAS, soldat déserteur, C. Clermont, D. Clermont, Pui-Dôme.

HERIER COMPREIGNAC, ex-noble, C. Limoges, D. Limoges, Haute Vienne.

Dominique GRAS, domestique, C. St-Audeau, D. St-Esprit, l'Ardèche.

Hubert VAILLANT, verrier, C. Besancourt, D. d'Andelis, Seine Inferieure.

Pierre Nicolas DE VISSEL, officier marin, C. Mericourt, D...

Louis BONORE, ci-devant g. d. r. (garde du roi), C. Perigueux, D. Perigueux, Dordogne.

Charles DORIGNÉ, étudiant, C. St-Quentin, D. St-Quentin, l'Aisne.

Jacques TESSIER, menuisier, C. Sarlande, D. d'Exideuil, Dordogne.

Jacques LE FEBVRE, ex-noble, C. Bouset, D. Argentan, l'Orne.

Victor DU BOIS TENNELIN, praticien, C. Bovin, D. Argentan, l'Orne.

Gabriel DU ROCHÉ, ..., C. Bron, D. Bron, Côtes du Nord.

François L'AMOUR, ex-noble, C. Rennes, D. Rennes, Ille et Vilaine.

J. M. C. ROBECQ, ex-noble, C. Morlaix, D. Morlaix, Finistère.

François HOCHIN, laboureur, C. Biliberquels, D. Bethune, Pas de Calais.

Honoré WIBAUX, laboureur, C. d'Etarsoing, D. Bapaume, Pas de Calais.

Antoine DELBARTE, tisseran, C. M. Aubaresse, D. Lille, Nord.

Jean Baptiste CHARDON, bourgeois, C. Argentan, D. Argentan, l'Indre.

Alexis JAVEL fils, chirurgien, C. Lion, D. Lion, Rhone et Loire.

Armand DE QUINCARNON, ex-noble, C. Pessil-Groan, D....

Charles-Silvain BÉCHILLON, ex-noble, C. Présic, D....

René Barbe BIGNON DU FRESNE, ci-devant capitaine, C. St-Ouin-le Brison, D. Domfront, l'Orne.

Pierre MONDIOU, ci-devant employé, C. Limoges, D. Limoges, Haute Vienne.

Salomon CHAPITEAU, ex-noble, C. Minsac, D..., Charente.

Nicolas MARIOTTE, boucher, C. Nanci, D....

Louis François Bonaventure BUISSY, ex-noble, C. Douai, D..., du Nord.

Athanase Joseph DU BOCQUET, praticien, C. Laises, D. St-Omer, Pas de Calais.

Jean François TESSELIER, étudiant, C. d'Herbré, D. Vitré, d'Ille et Vilaine.

Louis Florentin DE LAITRE, praticien, C. Argenton, D....

Pierre BETARD, ex-noble, C. Montbriez, D. Bordeaux, Gironde.

Toussaint MOREAU, ancien soldat, C. St-G(ildas) des Bois, D..., Loire Inferieure.

Charles Eloi VAILLANT, ouvrier verrier, C. Beaumont le Roger, D....

Louis Guillaume VARRIN, ex-noble, C. Bonœil, D....

Thomas DE BRY, ci-devant gentil h(omme), C. Roche, D....

François PINET, ex-noble, C. Malauve, D..., Côtes du Nord.

Antoine Joseph FELIX, bourgeois, C. Gumon, D. Brives, de la Correze.

Jean Baptiste PRIEZ, ouvrier, C. Marvilles, D. d'Avesnes, Nord.

Jacques PARIS, domestique, C. Cajeune, D....

François LAMY, domestique, C. Sarguemine, D....

François POULIN, postillon, C. d'Haré, D....

Pierre L'ALLEMAND, domestique, C. du Fein, D....

François LAIRÉ, domestique, C. Montluçon, D....

Nicaise Valentin GRENIER, domestique, C. Dourville, D...., Seine Inférieure.

François SICO, domestique, C. Pont-l'Evêque, D....

Jean Denis LEMOINE dit Adolphe, domestique, C. Rosni sur Seine, D...

René Louis MOITON, palfrénier, C. Rosni sur Seine, D....

Jacques BOISLETEAU, domestique, C. Lamerlater, D...

Jacques CADART, bourlier, C. Chaine, D. St-Omer, Pas de Calais.

François LEGRAND, tisserand, C. Licrain, D. St-Omer, Pas de Calais.

François HUCHET, tisserand, C. Valmon, D. St-Paul, Pas de Calais.

Jacq. Joseph FIOLET, tisserand, C. d'Avroult, D. St-Omer, Pas de Calais.

Antoi... Joseph DOCO, charron, C. Gueulecin, D. Douai, du Nord.

Pierre Louis PERON, cordonnier, C. Noird Bécourt, D. St-Omer, Pas de Calais.

Pierre COUPET, journalier, C. Guelcin, D. Douai, du Nord.

Clotaire François VASSEUR, meûnier, C. Verchin, D. Montreuil, Pas de Calais.

Louis Joseph BRICHE, laboureur, C. de Lestres, D. St-Omer, Pas de Calais.

Florentin DUSAULTOIR, laboureur, C. d'Aune, D. St-Omer, Pas de Calais.

Henri BONGE, journalier, C. de Lestres, D. St-Omer, Pas de Calais.

Dominique PENTEL, journalier, C. Menil-Dohin, D. St-Omer, Pas de Calais.

Nicolas LAGROY, étudiant, C. Duquesnoi, D...., du Nord.

Eustache BONGE journalier, C. Delestre, D. St-Omer, Pas de Calais.

Augustin GONY, linier, C. Quelsen, D. Douai, du Nord.

Marc AQUÉRÉ, cordonnier, C. Souquenberg, D. St-Omer, Pas de Calais.

Augustin PENTEL, journalier, C. Mainis-Dohent, D. St-Omer, Pas de Calais.

Antoine François DELCROIX, journalier, C. Mainis d'Ohent, D. St-Omer, Pas de Calais.

François VANDENNE, tisserand, C. d'Avroult, D. St-Omer, Pas de Calais.

Ferdinand HELIN, cordonnier, C. Marolles, D. d'Avesnes, de l'Aisne.

Antoine Louis JAVEL, médecin chirurgien major des armées fr., C. Moilau, D....

Toussaint CROISSENVILLE, ex-noble, C. Vic, D...., Calvados.

Marie GUERGELIN, ex-noble, C. Hennebon, D. Hennebon, Morbihan.

Remi LE METAYER, ex-noble, C. L'Isle-aux-Moi(nes), D. Hennebon, Morbihan.

Pierre Marie BRIEN, marchand, C. Aurai, D. Aurai, Morbihan.

Jacques LE SAUSE, marchand, C. Aurai, D. Aurai, Morbihan.

Charles LÉGO, cordonnier, C. Aurai, D. Aurai, Morbihan.

Jean-Pierre DIMOTTE, tanneur, C. Aurai, D. Aurai, Morbihan.

Claude Nicolas JÉROME, défricheur, C. Nostende, D. Hennebon, Morbihan.

François GUINGUENET, ex-noble, C. Langouet, D. l'Ille et Vilaine, Morbihan.

François CAQUERET, ex-noble, C. Blangi, D. Seine Inferieure, Morbihan.

Nicolas TOZEL, ci-devant lieutenant de vaisseau, C. Lisieux, D. Calvados, Calvados

Pierre MILON, ex-noble, C. Poitiers, D. Poitiers, Vienne.

Hervet GOUESNON THÉPAULT DU BRIGNON, ex-noble, C. Bourgblanc, D. Brest, Finistère.

Aimé-Claude DE GUIQUERNAUD, ex-noble, C. Landida, D. Brest, Finistère.

Joseph LE VICOMTE, ex-noble, C. Morieux, D. Lamballe, Côtes du Nord.

Gabriel DE LA HAYE, ex-noble, C. Beaulieu, D... des Deux-Sèvres.

Joseph LA MOTTE GUYOMARATTE, ex-noble, C. Lamballe, D. Lamballe, Côtes du Nord.

Marc-Antoine DE BEAUPOIL, ex-noble, C. Jonsac, D..., Charente Inférieure.

Jean CHATEIGNE, domestique, C. Cossey, D....

Pierre Joseph BÉNARD, Me clerc au Parlement de Paris, C. Beaulieu les Loges, D..., Indre et Loire.

Jean-Baptiste COLINET, domestique, C. Pierlet, D. Pontoise, Seine et Oise.

Charles-André FROGER, ex-noble, C. la Clisse, D..., Charente Inferieure.

Michel BACHELOT, domestique, C. Cellieres, D....

Gilles DE LA PLANCHE, domestique, C. Quipelé, D..., l'Ile et Vilaine.

Louis HERVET, domestique, C. Landivi, D...., Côtes du Nord.

Pierre LETHIEC, laboureur, C. Marzan, D. Roche-Sauveur, Morbihan.

Mathurin FERENOT, laboureur, C. Grandchamp, D. Vannes, Morbihan.

Julien LANCIENS, laboureur, C. Berry, D. Rochefort, Morbihan.

Michel THOMAZEAU, armurier, C. Badenne, D. Vannes, Morbihan.

Jacques THOMAZEAU, maréchal, C. Badenne, D. Vannes, Morbihan.

Michel BOISDUGUÉ, laboureur, C. Grandchamp, D. Vannes, Morbihau.

Charles DURET, marchand, C. Caignan, D..., Côtes du Nord.

Guillaume PHARAON, jardinier, C. Rénergatte, D. Lechenevin, du Finistère.

Millé OUGEAU, laboureur, C. Plaudrin, D. Vannes, Morbihan.

Joisin FALLERÉ, canonnier, C. Plaudrin, D. Vannes, Morbihan.

Jacques Aimable POULAIN, ..., C. Estéville, D..., Seine Inférieure.
François DUGUET, ..., C. Beli, D...., Seine et Oise.
Pierre DE BREVELLEY, ... , C. St-Helene, D...., Morbihan.
Jean BROHAN, ..., C. Peaulle, D...., Morbihan.
Louis Joachim DU GUEGAN, ..., C. Beringh, D...., Morbihan.
Pierre BIOT, ..., C. Peaulle, D...., Morbihan.
Jacques MOLGAT, ..., C. Theyze, ..., Morbihan
Pierre GUILLEMEAU dit Le Bouche, ..., C. Aradou, D.. ., Morbihan.
Henri BIOT, ..., C. Peaulle, D...., Morbihan.
Joseph BOURDON-BÉRIT, ..., C. Paris, ...
Louis COUET, ..., C. St-Sauvin, D....
Auguste TASSI, ..., C. Marseille, D....
Charles NAVALE, ..., C. Labadu, D...., de Pô.
Jean Baptiste LAPORTE, ..., C. Exideuil, D....
KERGARIOU LOCMARIA, ..., C. Ploubert, D....
Louis FROGÉ, ..., C. Rochefort, D....
Hervy FROGÉ DE LÉGUILLE, ..., C. Rochefort, D....
Charles GREILLIER, ..., C. Coucise, D....
Louis LA CLOCHETERIE, ..., C. Rochefort, D....
Joseph Antoine TERTULLE LABAUME-VINEL, ..., C. Carpentras, D....
Hyppolite MOUREVILLE DE LA FURRETIERRE, ..., C. Rochefort, D....
J. R. PRÉJÉ DE KÉRÉBART, ..., C. Rennes, D. Rennes, ...
François Auguste COURSON, ..., C. Ploureau, D. St-Brieux, Côtes du Nord.
Jean-Baptiste CHEVALIER DE CROUSIL, ..., C. Pau, D....
François D'ORVILLÉE, ..., Isle de Cayenne.
Jean Antoine DOUROUX, ..., St-Neyan, D....
Jean Baptiste CHOLLET, ...C. Lougeau, D...., Meuse.
François MOCOURT, ..., C. Stenay, D....
J. M. CHEVALIER MOUROI, ..., C. Gible, D....
François J. DAMOISSEAU, ..., C. Kos, D....
Pierre Joseph DE BOLINARD DÉROCHE, ..., C. Rancou, D....
François VIDO, ..., C. Limoges, D Limoges....
Charles Augustin ROIROU, ..., C. Montaigu, D. Montaigu, ...
Pierre ROUCHE, ..., C. Cauche, D....
François Eugène LANGLAIS, ..., C. Cassel, D....
Jean Louis DU PORTAIL, ..., C. Strasbourg, D. Strasbourg, Bas-Rhin.
Antoine FOLMON DE PRESTAL, ..., C. Bagate, D....
Joseph Pascal DE BEAUMONT, ..., C. Perigueux, D. Perigueux, Dordogne.
Jacques LE MOUTON NÉOU, ..., C. Paris, D. Paris....
Paul Pierre Auguste Eloi DE COURCY, ..., C. Pierfet, D....
Jean FONTROUYÉ, ..., C. Fontrouyé, D...., Lot et Garonne.
Joseph MARY, ..., C. Ecau, D....
François COURCHOU, ex-noble, C. Flonchat, D. Port-Brieux, Côtes du Nord.
Louis GEGU, domestique, C. Nantes, D. Nantes, Loire Inferieure.
Mathurin BACHELOT, laboureur, C. Cadillou, D. Dinan, Côtes du Nord.
François COTET, domestique, C. Rennes, D. Rennes, Ille et Vilaine.
Yves-Marie OMNES, maître d'école, C. Landivi, D. Laniou, Côtes du Nord.

Guillaume Lecul, chantre, C. Treguier, D. Treguier, Côtes du Nord.

Joseph Robin, tailleur, C. Favret, D. Treguier, Côtes du Nord.

Yves Poche, domestique, C. Peroquiret, D...., Côtes du Nord.

Nicolas le Magnet, tailleur, C. Delaneau, D...., Côtes du Nord.

François Guil. Boucher, journalier, C. de Dieppe, D. Rouen, Seine Inferieure.

Joseph Hamon, laboureur, C. Guingand, D...., Côtes du Nord.

Charles Bernard, menuisier, C. Curri, D. Neuville, Rhone et Loire.

Claude-Marie Burnotte, écrivain, C. Vannes, D. Vannes, Morbihan.

Guillaume Rennegot, cordonnier, C. Vannes, D. Idem.

Jean Michel Bernard, faiseur de peignes, C. Vannes, D. Idem.

Jacques Guillerot, meûnier, C. Sergur, D. Idem.

François la Hergne, jardinier, C. Vannes, D. Idem.

Isidor Danot, laboureur, C. Vannes, D. Idem.

Mathurin Lefranc, domestique, C. Quedillac, D...., Côtes du Nord.

Joseph Auguste Pelissier, noble, C. Cimiame, D. d'Opsset, Bouches du Rhone.

Florentin Dulaurent, noble, C. Quimper, D. Quimperlé, Finistère.

J. F. du Masnadau, noble, C. St-Bertrand, Guadeloupe.

Yves Riout, domestique, C. Guingamp, D. Guingamp, Côtes du Nord.

Jean Quénec, domestique, C. Morlaix, D. Morlaix, Finistère.

Jean Levêque, domestique, C. Landheu, D. Lamballe, Côtes du Nord.

François Bertrand, domestique, C. Daincour, D...., Moselle.

Jacques Clinchamp, noble, C. Beaumont, D. Fresnai, Sarthe.

Jean Pelletier, domestique, C. Laloyere, D. Chalon, Côte-d'Or.

Louis Christophe Rossel, noble, C. Sauzé, D. Sauzé, l'Yonne.

Louis Vellard, étudiant, C. Chauzé, D. Neuville, Loiret.

Joseph Panou Durbrouq, negociant, C. Nantes, D. Nantes, Loire Inférieure.

Pierre François du Pont, noble, C. Carpissac, D...., Calvados.

Jean Baptiste Saint-Sauvan, noble, C. Lionnac, D...., l'Allier.

Jean Pierre Raimond Bailly, noble, C. Pont-Croix, D...., Plucister.

Louis Jallet, employé aux aides, C. St-Philibert, D...., la Vendée.

Charles d'Albert Mivel, ..., C. St-Omer, D...., Pas de Calais.

Auguste Jallet, ..., C. St-Philibert, D...., la Vendée.

René Anne Le Largue, ..., C. Ploermel, D. Ploermel, Morbihan.

Jacques Joubert, bourgeois, C. La Chapelle, D...., la Vendée.

R. C. A. Ronceville, noble, C. Thorigné, D...., la Manche.

Jean-Baptiste Palespont, noble, C. la Magdeleine, D...., Basses-Pirénées.

Ange St-Luc, noble, C. Quimper, D. Quimperlé, Finistère.

Guillaume Bessen, ..., C. Vannes, D. Vannes, Morbihan.

Laurent Neuville, noble, C. d'Aleye, D...., Pas de Calais.

Louis François du Pléci, noble, C. Ste-Foix, D...., Charente.

Jean de Chantilloy, ..., C. Bussiere, D...., Haute Vienne.

Henri Viclar, noble, C. Schelestat, D...., l'Aveyron.

Henri Villeneuve, ..., C. Lavaux, D. Lavaux, ...

Louis Bellisson, ..., C. Cambe, D...., Calvados.

Pierre Antoine Joseph le Bleu, ..., C. Pailly la Bouye, D. Pas de Calais.

Gabriel Puiseret, ..., C. Lennevin, D...., Finistère.

Louis André Prévôt, noble, C. Argenteuil, D....

Joseph PASCAL, noble, C. d'Oroscof, D...., Finistère.
Joseph CABON, ..., C. Lenneven, D...., Finistère.
Paul VAUCLIN, noble, C. Valogne, D...., la Manche.
Laurent DANIEL, ..., C. Guingamp, D...., Côtes du Nord.
Marie Louis LEFORT, ..., C. Saintes, D. Saintes, Charente Inférieure.
Ignace-Joseph CARPENTIER, ..., C. Vesquier, D...., du Nord.
R. C. LA ROCHEFOUCAULT, noble, C. Apremont, D. de Chalans, la Vendée.
Henri MOLENA, noble, C. d'Haravel, D... du Lot.
François SPIART, noble, C. Diarmis, D... Côtes-d'Or.
François MONTARNEL, noble, C. Senerguer, D... l'Aveyron.
Victor JALÈS, ... C. Fontenay, D... la Vendée.
C. J. VILLAVIENCIO, noble, C. Codini, D... du Nord.
François VAUCLIN, noble, C. Dennevet, D... la Manche.
François LE MAITRE, noble, C. Melinoubert, D... la Manche.
Jacques-Augustin AUBIN, noble, C. Vannes, D. Vannes, Morbihan.
Paul-François QUEROLAN, noble, C. d'Hennebon, D. d'Hennebon, Morbihan.
J.-F.-P. PENNEVENT, noble, C. Vannes, D. Vannes, Morbihan.
Sébastien-Joseph BENOIT, ... C. Petitquesnoi, D... du Nord.
Prosper LA MOTTE, ... C. Mezuis, D... Haute-Garonne.
Joseph BROGLIE, noble, C. Paris, D. Paris, la Seine.
Paul MANY, noble, C. Charmant, D. d'Angoulême, la Charente.
Antoine FAUVILLE, noble, C. Surx, D... Pas-de-Calais.
Louis JACQUES, parfumeur, C. Lenneville, D... la Moselle.
Jean-Joseph BARBA, ... C. Fruges, D... Pas-de-Calais.
Louis SEINÉ, ... C. Balincourt, D... Pas-de-Calais.
René-François PRUDENT-ROYER, noble, C. St-Nazaire, D... Loire-Inférieure.
Pierre-Joseph VARRIN, cultivateur, C. Merville, D... du Nord.
Jacques BOUVIER, laboureur, C. Melé, D... la Mayenne.
Alexandre COURREAU, ... C. Prorel, D...
Augustin BIAR, ... C. Laumerban, D... Seine-Inférieure.
Laurent COEFFRON, ... C. Douai, D... du Nord.
Emmanuel DE TORT, ... C. du Berquin, D... du Nord.
Louis-Joseph ALOY, ... C. Menil-Doin, D... Pas-de-Calais.
Antoine ALOY, ... C. id. D. id.
Jacques BOULÉ, ... C. Reclingan, D... Pas-de-Calais.
Claude BOULEFROY, ... C. de Renco, D... de la Somme.
Pierre GARO, ... C. Chamber, D...
René PETIT, ... C. Champiny, D... Loir-et-Cher.
René LETAT, ... C. Nevrey, D... Mayenne.
Louis CHATEL, ... C. Gimbré, D... Calvados.
Guillaume VANOCHE, ... C. St-Omer, D... Pas-de-Calais.
Charles MENÉ, ... C. Viroucheau, D... de la Somme.
Jacques GONTIER, ... C. Verneuil, D... la Nièvre.
Joseph LEBLANC, ... C. Hautvolé, D...
Jean BEAUVILLIÉ, noble, C. Favret, D... l'Indre.
Pierre LA MOTTE, ... C. d'Aurillac, D. d'Aurillac, du Cantal.
Michel FÉLIX, ... C. Lizo, D... Calvados.

François-Paul FOUQUET, noble, C. Thouars, D. Thouars, des Deux-Sèvres.
Louis-Henri GOCHET, noble, C. Rut, D... la Somme.
Saturnin COTEL, clerc de procureur, C. Châteaubriand, D... Loire-Inférieure.
Pierre COLIN, ... C. Loupi, D... Meuse.
Pierre YOT, ... C. Ploermel, D. Ploermel, Morbihan.
Pierre VILMER, ... C. Lausannè, D...
Pierre DUTERTRE, ... C. Silli, D... Calvados.
Pierre EVRARD, ... C. Noyelle, D...
P.-L. Aulide CIBOURD, ... C. St-P. trois ch., D... Drôme.
Jean-Marie DE LA HOUSSAYE, vicomte, C. Servignan, D... Finistère.
Louis-André-Joseph LOMBARD, noble, C. Bordeaux, D. Bordeaux, Gironde.
G.-P. Louis DU ROCHER, ... C. Bouzevile, D... Côtes-du-Nord.
Louis-Charles BAUDRAN, ... C. Vigon, D... Calvados.
André-Marie LE RONDES, noble, C. Benovile, D... Calvados.
G.-T. LEZERES, noble, C. Croton, D... Finistère.
Jacques LA ROCHE-AIMON DE LA ROUSSIE, noble, C. Petigny, D... Dordogne.
Pierre-Paul DE LA CHAPELLE, noble, C. d'Argental, D... Corrèze.
Jacques-Joseph LETUDELGOT, noble, C. d'Argental, D... Corrèze.
Pierre-Jacques CORDAY, noble, C. Melidaimbert, D... Calvados.
R.-F.-D. Thibault MARAIS, ... C. Martigni, D... Calvados.
Joseph SALVERT, ... C. Miliac, D... la Vienne.
Anne-Jean COLLARDEVILLE, noble, C. Châlons, D. Châlons, Marne.
Louis-Vincent-Marie DE LANGLE, noble, C. Hennebon, D. Hennebon, Morbihan.
François-Urbain Ollivier DE TRONC JOLY, noble, C. Aurai, D. Aurai, Morbihan.
René-Charles PERSY, ... C. Tonneville, D... Manche.
Jean-François-Florent GIGAUD, ... C. Belfond, D... Guendreville, Manche.
Joseph DE TREVOU, ... C. Morlaix, D .. du Finistère.
H.-J. KACASADEX, ... C. Lamau, D... Côtes-du-Nord.
Charles d'AMBOIS, ... C. Massedazille, D... l'Arriège.
François-Jean DAMBOIS, ... C. Massedazille, D... l'Arriège.
Louis-Charles LEMAIRE DU CHAMOIS, noble, C. Villemontié, D... du Loiret.
Mathurin FOLTE DE VENTOR, noble, C. Limoges, D... Haute-Vienne.
Jean-Baptiste TAPINOIS, chevalier de St-Louis, C. Sarlat, D... Dordogne.
Jean-Marc DE CHEVREUSE, noble, C. Vitrac, D... Charente.
Pierre PAULIN, ... C. Planguenoël, D... Côtes-du-Nord.
René MASSON, ... C. St-Denis, D... la Vendée.
Eude BOISENDE, ... C. Menil Gondoin, D.... l'Orme.
Guillaume-René LE BRETON, ... C. Perilleus, D... Manche.
Joseph DE GUILLON, ... C. Stafort, D.... Lot-et-Garonne.
Joseph-Louis DE PÉLISSIER, ... C. Simiant, D... Basses-Alpes.
Guillaume BOQUET DE GRANVAL, ... C. de Metz, D... Manche.
Guillaume-Marie-Joseph PANTOU, ... C. de Vressy, D... Calvados.
Marie-Claude COLARDIN, ... C. Virre, D... Calvados.
François ROQUEFEUILLE, ... C. Dalicau, D...
Jacques Marie KERVE, ... C. Guérande, D. Guérande, Loire-Inférieure.
Jean-Baptiste LE VICOMTE DE LA VILLE-VOLETTE, noble, C. Sillac, D... Côtes-du-Nord.

François-Louis-Marie JACQUET, ... C. St-Paul-de-Léon, D... Finistère.

François-Ange-Marie Du Bois, noble, C. Carreau, D... Morbihan.

J.-G. GOUIGUET, ... C. Quimperlé, D. Quimperlé, Finistère.

Joseph-Jean-M.-Hyacinthe DERVAL, ... C. Quimper, D. Quimperlé, Finistère.

F.-J.-M. MAGLOIRE, noble, C. Morlaix, D. Morlaix, Finistère.

L.-M.-J. FORTUNÉ, noble, C. Morlaix, D. Morlaix, Finistère.

Auguste-Marie-Henri de NECHEVEUX, noble, C. Plegue, D. St-Brieux, Côtes-du-Nord.

Pierre-François-Martin Du LARGET, noble, C. Lunargatte, D... Côtes-du-Nord.

François LA CARRIÉRE, noble, C. d'Aurillac, D... du Cantal.

Hyénis BOISION, ... C. Morlaix, D. Morlaix, Finistère.

E. Leguy DE COUATADOVEL, noble, C. Brest, D. Brest, Finistère.

René NORMAND, ... C. Avranches, D... Manche.

Fortuné CHEF La FONTAINE, noble, C. Quimper, D. Quimperlé, Finistère.

Etienne CILLARD VILLENEUVE, noble, C. Treguier, D...

Henri-Jacques LE FAUCONNIER DE LA BONNEVILLE, noble, C. Picoville, D...

B.-R.-M. DE LA CHEVRIÉRE, noble, C. Senonne, D...

J.-B.-G. DE LA CHEVRIÉRE, noble, C. Martini, D. Serzo.

Charles-Marie LESQUISIO, noble, C. Luneville, D...

Alexandre DE VASSY, noble, C. Bressé, D. Avranches...

J.-L. BOQUET D'ALBLADE, noble, C. Arblade, D...

Armand-Louis AVAREY, noble, C. Paris, D... Seine.

Antoine PICOLIER, ... C. Cosac, D... Lot.

Charles-Joseph MALVU DE BRIGES, noble, C. Paris, D... Seine.

Henri Pascal LA REYRINGLADE, noble, C. Nismes, D... Gard.

Jean-David DE PERDROVILLE, noble, C. Nonnencourt, D...

Joseph-Marie-Jean-Michel BEAUFORT, noble, C. Paris, D... Seine.

Jean BERNEY, ... C. Bergerac, D... Dordogne.

Armand-Augustin VASSAL, ... C. Pécodier, D...

Jacques-François DU DIBERT, ... C. Damartin, D...

Gabriel BAULAVOU, ... C. Ser. D... l'Orne.

Jean LAUDU, domest. de la Houssaye, émigré, C. St-Brieux, D... Côtes-du-Nord.

Yves BARRÉ, chirurgien, C. Châteauneuf, D... Finistère.

Nicolas MAURICE, domest. de la Houssaye, C. Guingamp, D. Port-Brieux, Côtes-du-Nord.

Louis-Gabriel DU LARGERZ, prêtre, C. Louargat, D. Guingamp, Côtes-du-Nord.

François-Charles-Marie LÉGUALÈS DE LAISSEAU, ex-noble, C. Morlaix, D... Finistère.

Mathurin PERIGEAUX, domestique, C. Effendix, D. Montfort, Ile-et-Vilaine.

Jean-Louis RECHIN, domestique, C. Montaigu, D. Montaigu, la Vendée.

Jean-Jacques LE BARBIER DE LA BOURDONNIÈRES, ex-noble, C. Beaumont, D... la Sarthe.

Louis LA VILLESLAY, noble, C. Pontivi, D. Pontivi, Morbihan.

Henri DE LAGE, noble, C. Laniou, D. Laniou, Côtes-du-Nord.

Daniel COUSTERVILLE, noble, C. Parenti, D. Boulogne, Pas-de-Calais.

J.-M.-M. ROLAND, prêtre, C. Plougueil, D. Laniou, Côtes-du-Nord.

Antoine MANOITE, noble, C. Blanc. D... l'Indre.

Louis-Marie DE LA VOLTAIRE, noble, C. Ploermel, D. Ploermel, Morbihan.

Bernard-Marie JOUAN, ancien garde-côte, C. Roscoff, D... Finistère.

Ch. DE ROYRAUD, noble, C. Montaigu, D. Montaigu, la Vendée.

André Raimond PATY, ci-dev. offic. de marine, C. Jalgan, D... Gironde.

Juste SARRET, bourgeois, C. Arbon, D... Jura.

Louis BARAUDIN, noble, C. Rochefort, D...

Claude HUGON, noble, C. Larzeac, D. Lazerche, Corrèze.

Clair PINIOT ou PYNYOT, noble, C. Verbier, Poitou.

C. L. DELBEQUE, noble, C. Bourgt, D. Hazebrouck, Nord.

Jean-Baptiste DE LA HOUSSAYE, noble, C. Rennes, D. Rennes, Ile-et-Vilaine.

Jacques BULTET, domestique, C. St-Denis, D... Seine-Inférieure.

J. G. MOULIN, soldat, C. Paris, D. Paris, Paris.

Guillaume MALHERBE, soldat, C. Brieberg, D. Valognes, Manche.

Jean-François JOUANNE. S. G. d'Hector, C. Saudevart, D. Valognes, Manche.

Nicolas-Joseph NOEL, ancien militaire, C. Pont-à-Mousson, D...

Augustin HOCHENAC, maçon, C. Castres, D...

Jean-François BRETON, ci-dev. instructeur, C. St-Quentin, D...

Henri-Maximilien DE BRAY, bourgeois, C. Amiens, D. Amiens, la Somme.

Jean-Baptiste-Pascal NOURY, domestique, C. Seizval, D. Amiens, la Somme.

Louis FONTAINE, maréchal ferrant, C. Cuvilier, en Picardie.

Augustin BERTHELOT, étudiant, C. Angers, D. Angers, Maine-et-Loire.

Jean-Etienne GINOUVÈS DE LA TOURS, ci-dev. serg. au 68me, C. Clermont
    D... l'Hérault.

Alexis DUGUESNE, journalier, C. Coutières, D. Béthune, Pas-de-Calais.

Louis DERBRUGHE, étudiant, C. Lille, D... Nord.

Marie-Joachim ALYS, maçon, C. St-Vaast, D. Quesnoi, Nord.

Etienne ROBERT, domestique, C. Sauve, ci-devant Languedoc.

Florent LEFEBVRE, journalier, C. Erny, D. Boulogne, Pas-de-Calais.

Mathieu KERBELET, déserteur de la ma rine), C. Landevant, D. Aurai, Morbihan.

Thomas IMBERT, ci-dev. g. du corps, C. Port Marie, D... Lot et Garonne.

André Emmanuel DE SALIGNAC DE FÉNELON, ex-noble, C. Selfroin, D. Laroche-
    fouc., Angoulême.

J. M. Roy DE MÉRICOURT, noble, C. Boulogne, D.... Pas de Calais.

Jean-Joseph LUSTRAC, cap. au r. d'Agenois, C. Lias, D. Nogareau, du Gers.

Jean Phil. DE LA ROCHE DE LORIAC, ci-dev. g. du corps, C. Brain, D...

Jean Baptiste DU FRESNOY, ... C. Ste-Marie, Lorraine.

Alexis CHATEIGNY, ex-gentilhomme, C. Beasin, D... Haute Charente.

Hilarion DES FONTAINES, ex-noble, C. Goulost, près de Vernon.

Pierre CRUSEL, anc garde du corps, C. Verseuil, D. Villefranche, l'Aveyron.

Pierre DE LAMBERTY, ex-noble, C. La Chapelle, D. Périgueux, Dordogne.

Nicolas Jacques BAUETE DE LA CHENARDIERE, ex-noble, C. Nantes, D. Nantes,
    Loire Inférieure.

Th. B. DU PLESSIS, ex-noble, C. Vertus, Champagne.

Claude DU PLESSIS, ex-noble, C. Vertus, Champagne.

Pierre Jacques LA BROUSSE, gendarme-noble, C. Argentac, Haut Limousin.

Jean-Jacques BEAUCORPS, noble, C. Chanier, D. Saintes, Charente Inférieure.

André BOMBART, négociant, C. Querci, D. Vervins, de l'Ain.

Adrien LALANDE, verrier, C. Beauvoir, D. Rouen, Seine Inférieure.

Louis Joseph LARCHER, fils de négociant, C. Lille, D... du Nord.

Furcy AUBRY, déserteur, C. Monchy la Gac, ci-dev. Picardie, près Péronne.

Césaire MELLOT, noble, C. Potret, D. Roche sur Yon, Vendée.

Pierre BOUSSINEAU, bourgeois, C. Nantes, D. Nantes, Loire Inférieure.

Charlemagne COURSON, ex-noble, C. Moncontour, D. Lamballe, Côtes du Nord.

Pierre d'AUDEBARD, ex-noble, C. Paris.

Gerosme DU POUSSAY, ex-noble, C. St-Marc desp., D. Châteigneraye, Vendée.

Jean Baptiste DU ROCHER DU GUINGO, ex-noble, C. Bruvil, D. Dinan, Côtes du Nord.

Joseph Alexand. BOUHIER, ... C. Noir-Moutier, D. Noir-Moutier, Vendée.

Athon-Benjamin DE LORTANDE, noble, C. Limoges, D. Limoges, Haute-Vienne.

Toussaint Léonard DE LA VILLE LÉON, ci-dev. major d'Anjou, C. Lambale, D. Lambale, Côtes du Nord.

Henri DE GOULIANE, chevalier, C. Nantes, D. Nantes, Loire Inférieure.

Joseph Marie Guillaume DU HAFFONT, noble, C. Quimper, D. Quimperlé, Finistère.

Thomas PRESSAC, noble, C. Coutras, D... Gironde.

Jean-Baptiste TARDIVET, noble, C. St-Léonard, D... Haute-Vienne.

Louis-Franç. CHRISTON, noble, C. Huissemau, D... la Marne.

François DE LA BARRE, noble, C. Nantes, D. Nantes, Loire Inférieure.

Gabriel DU PARCQ, noble, C. Kerouelle, D. Carhaix, Finistère.

Pierre Auguste FOURNIER, ex-volontaire, C. Saumur, D. Saumur, Maine-et-Loire.

Burgault DE MONFORT, noble, C. Gacé, Normandie.

François VAUDIN, domestique, C. Buffiere, Champagne.

Armand ROYOU, noble, C. Laniou, D. Laniou, Côtes du Nord.

J. M. M. DE BRÉE, noble, C. St-Yriex la Perc., D... Haute-Vienne.

Jean Joseph Antoine CARDON DE VIDAMPIERRE, noble, C. Mets, D... Moselle.

Jean Michel DU CROZET DE REINODE, noble, C. Aubiac, D... Puy Dôme.

Edme GENOT, noble, C. Nolet, D... Côte-d'Or.

G. F. VAUGEOISE, noble, dans le Maine, la Mayenne.

Charles GENHAULT, ... C. Riou, en Suisse.

François DE LA ROCHE VILLENEUVE, noble, C. St-Perret, D... l'Ardèche.

J. P. A. DE LA ROCHE VILLENEUVE, noble, C. St-Perret, D .. l'Ardèche.

P. F. A. CARLEGNAIE LAGRAN, noble, C. Genolhac, D... Gard.

Jean Joach. Anne BORRAMOL, noble, C. Toulouse, D... Haute Garonne.

Jean BOULAU, noble, C. Fribourg, en Brisgaw.

Joseph SAVIGNAC, noble, C. Vau, D... Haute Vienne.

S. J. M. HASCOUET, noble, C. Ploncha, D... Côtes du Nord.

Charles LAMOIGNON, noble, C. Paris.

Joseph IMBERT, ... C. Lozere, D. Lozere, Lot.

L. E. A. LE BOUCHET, noble, C. St-Maurice, D...

Laurent CARMOUCHE, tanneur, C. Voye, D. Commercy, Meuse.

Pierre LAGRANGE, soldat déserteur, C. Alstème, D. Perigueux, Dordogne.

Joseph BAUDIO, musicien, C. Nanci, D. Nanci, Meurthe.

Jean FOURNIER, soldat déserteur, C. Montreuil, D. Blamond, Meurthe.

Geoffroy HEMERY, domestique, C. St-P. le Gouye, D. Montfort, Ile et Vilaine.

Jacques Francis CHAPELLE, ... C. Caufecont, D... Mont Blanc.
Felix MARET, domestique, C. Brelsassart, D. Duquesnoy, Nord.
Charles GUMEVIL, noble, C. la Haye, D. Bayeux, Calvados.
Jean-Baptiste LIBRAUT, soldat déserteur, C. Capelle, D. de Tisac, Lot.
J. MARCHÉ, soldat déserteur, C. Arçon le Long, D. Soissons, l'Aisne.
J. FLAYELLE, noble, C. Paris, D. Paris, Paris.
Maurice PÉDIT, déserteur, C. Riom, D. Riom, Puis-Dôme.
Louis François HAIZE, déserteur, C. Havre de Gra., D. Havre de Gra., Seine
  Inférieure.
Jean Amb. Isaac VIBLAIN, noble, C. Mailly la Ville, D...
Armand Daniel FOUCAULT, noble, C. d'Ardre, D. Calais, Pas de Calais.
Jean-Louis DE VAUD, noble, C. Chamaillon, D. Pui-en-Velai, Haute Loire.
Frederic Gabriel DUGUÉ, noble, C. Rasoi, D. Soissons, l'Aisne.
J. F. G. Achille DU VERNE DE LANTIVY, noble, C. Jailly, D...
Henri Charles DU DREZI, noble, C. Brest, D. Brest, Finistère.
François Pierre DES BRUSLY, noble, C. Brive la Gaill., D. Brive la Gaill., Correze.
Charles CORDAY, noble, C. Meseryliabert, D. Argentan, l'Orne.
Christophe Colomb ROSSEL, noble, C. Sens, D. Sens, l'Yonne.
Amédée François DU BREUIL, noble, C. Brest, D. Brest, Finistère.
Claude René Paris SOULANGES, noble, C. Montaigu, D. Montaigu, Finistère.
A. J. L. PAILLOT DE GRANDPRÉ, gendarme, C. Caen, D. Caen, Calvados.
Jean François GUÉROUX, noble, C. Nog. le Rotrou, D...
Louis Auguste BROSSARD, verrier, C. St-Aubin, D...
Jean Baptiste Bernardin DE MAILLET, noble, C. Friardelte, D. Ordebec, Calvados.
F. L. LABASTE TERME, noble, C. Mirande, D...
Joseph LABARTE, noble, C. Simares, D...
Jean Constant Théodore DANEAU, noble, C. Toulouse, D. Toulouse, Haute Garonne.
Jacques LUILLIER, noble, C. Rouvenat, D...
Charles Maximilien BUISSY, noble, C. Douai, D. Douai, du Nord.
Joseph COLOMBET, noble, C. Puis en Velai, D. Puis en Velai, Haute-Loire.
Charles DE GOULAINE, noble, C. Nantes, D. Nantes, Loire-Inférieure.
Nicolas Anne BAUDOT, noble, C. Senvit, D. Montevilliers, Seine-Inférieure.
Léonard PATY, noble, C. Bordeaux, D. Bordeaux, Bec d'Ambès.
Pierre PASSAC, bourgeois, C. Vendôme, D. Vendôme, Loir et Cher.
Jacques GIMEL, bourgeois, C. Calviac, D. Sarlat, Dordogne.
Antoine Jean DU MOUTIER, perruquier, C. Basin, D. Gisors, l'Oise.
Emmanuel BÉGUIN, domestique, C. Vuberquen, D. Asboucq, Nord.
Antoine Robert DU CLUSEL, noble, C. Perigueux, D. Perigueux, Dordogne.
L. M. T. CARADEC, noble, C. Laniou, D. Laniou, Côtes du Nord.
Pierre RUSSEY, bourgeois, C. Baune, D. Baune, Côte d'Or.
Pierre Louis Nic. ALLIAUME, soldat déserteur, C. Gravelines, D. Bergues Nord.
Jean François CHAPON, soldat déserteur, C. Haunais, D. Lain, Seine Inférieure.
Alexandre LAUJAMEL, noble, C. Pacé, D. du Mans, Sarthe.
Antoine COTTE, soldat, C. Toulon, D. Toulon, Var.
Seraphin COLLIN, noble, C. Brest, D. Brest, Finistère.
Maurice BONASON, domestique, C. Milhau, D. Milhau, l'Aveyron.
Vincent PALLOUET, noble, C. Nantes, D. Nantes, Loire-Inférieure.

Joseph JÉRIL, officier de marine, C. Port Malo, D. Port Malo, Ile et Vilaine.

Louis Hector BOIGNET, étudiant, C. Angers, D. Angers, Maine et Loire.

François Vincent COUTENDOU, lieutenant de vaisseau, C. Guypavat, D. Brest, Finistère.

Michel FLAMAND, ... C. Quimper, D. Quimper, Finistère.

Raimond BERMOND, noble, C. Beziers, D..., l'Hérault.

R. G. M. KERMOYSAN, noble, C. Rennes, D. Rennes, Ile et Vilaine.

René Joseph LANTIVY, élève de la marine noble, C. Ploërmel, D... Morbihan.

Thomas FERET, ... C. Cornielle, D... l'Eure.

François LA GUTIÈRE, ... C. Moréal, D... du Gers.

Frederic PRÉVOLT, noble, C. Hease, D... l'Orne.

Paul LE VAILLANT, noble, C. Douvres, D... Calvados.

Michel LAINÉ, tapissier, C. Alençon, D. Alençon, l'Orne.

Paul DE L'ISLE, noble, C. de Nantes, D. Nantes, Loire-Inférieure.

Vincent GUYOT, noble, C. Langres, D. Langres, Haute-Marne.

Denis SOUIN, ... C. Rheims, D. Rheims, Haute-Marne.

François BASSOU, bourrelier, C. Perpignan, D. Perpignan, Pirénées Orientales.

Joseph CHEVRIER, noble, C. Martignais, D... Ile et Vilaine.

Henri CARBONNEAU, noble, C. Vieilleville, D... Loire Inférieure.

Jacob RAFRERE, boucher, C. Vouaseim, D. Strasbourg, Bas-Rhin.

Joseph AMELIN, soldat, C. St Simphorien, D. Montaigu, Loire Inférieure.

Jean Baptiste PALAIS, noble, C. St-Jean d'Ang., D. St-Jean d'Ang., Charente Inférieure.

François DU BUAT, noble, C. Condé, D. Condé, Nord.

Nicolas BOQUET, jardinier, C. Belleuf, D. Soissons, l'Aisne.

Gilbert DUPÉCHIER, marchand, C. Terouaud, D. Tissaire, Puy de Dôme.

Charles BAUNAY, étudiant, C. Rouen, D. Rouen, Seine Inférieure.

François DUCASSE, perruquier, C. Anolin, D. Lille, Haute Garonne.

Vincent JOUANGAY, perruquier, C. Vannes, D. Vannes, Morbihan.

Etienne TASSENC, drapier, C. Vannes, D. Vannes, Morbihan.

Charles JEHANNOT, apothicaire,   id.

Pierre SEVEUR, imprimeur,   id.

François CHEVÉ, tisserand,   id.

Jean LUBLIN, cordonnier, C. St-Gomery, D. Pontivy, Morbihan.

Vincent PERRAULT, cordonnier, C. Vannes, D. Vannes, Morbihan.

Joseph GRELA, marin, C. Riantes, D. Hennebon, Morbihan.

Jean LEROUX, laboureur, C. Vosney, D. Vannes, Morbihan.

Jean GAUTHIER, domestique, C. Epignac, D. Dole, Ile et Vilaine.

CHAMP-SAVOYE, noble, C. Boulon, D. Rhedon, Ile et Vilaine.

Casimir GOUILLAU BEAUFORT, noble, C. Rennes, D. Rennes, Ile et Vilaine.

Cesar LA NOUE, noble, C. St-Donan, D. Loudéac, Côtes du Nord.

Henri DE BOTHERAT, noble, C. La Chapelle, D. Montfort, Ile et Vilaine.

Fidele DU LAURENT, ... C. Quimper, D. Quimper, Finistère.

Malo GUILSENAU, noble, C. Haulselin, D. Dôle, Ile et Vilaine.

Pierre FLORENTIN, domestique, C. Fourcerelle, D. Vislis, Meuse.

VILLENEUVE VÉRAISSON, noble, C. Lorgue, D. Lorgue, Var.

René LEQUIN, domestique, C. St-Lormé, D. Port Malo, Côtes du Nord.

*

SAVATTE DE GUENOUILLÉ, noble, C. Poitiers, D. Poitiers, Vienne.

SAVATTE DE GUENOUILLÉ, noble, C. Poitiers, D. Poitiers, Vienne.

Laurent MIGNAUX, laboureur, C. Kergrais, D. Aurai, Morbihan.

Pierre Marie NÉE, domestique, C. Ville-Erene, D. Brie Comte Robert, Cher et Loir.

Fidele LE CHAUF, élève de la marine, C. Prépriac, D. Jéridon, Ile et Vilaine.

Joseph ROIG, ... C. Touire, D. Perpignan, Pirénées Orientales.

Joseph BERTHE, noble, C. Sables d'Olonne, D. Sables d'Olonne, la Vendée.

Joseph SOURISSEAU, marin, C. Toulon, D. Toulon, Var.

Jean NOEL, armurier, C. Perpignan, D. Perpignan, Pirénées Orientales.

J. B. CHOPE, domestique, C. Stenai, D. Montmédis, de Bard.

François DRAJU, écolier, C. Commerci, D. Commerci, Meuse.

Antoine MAMES, cultivateur, C. Quékec, Canada.

François REIGNIER, noble, C. Poitiers, D. Poitiers, Haute Vienne.

Philippe LE FLETTEUR, domestique, C. St-Laix, D. Coutance, la Manche.

Alexandre ALLANIE, étudiant, C. Loudéac, D. Loudéac, Côtes du Nord.

François BOURGUIGNON, soldat, C. Racousse, D. Bourg en Bresse, l'Ain.

François TISSOT, coiffeur, C. Aigui, D. St-Pau.

Antoine MARTIN, soldat, C. d'Eussenau, D. la Moselle, l'Hérault.

Jean MAGRO, domestique, C. Thionville, D. St-Omer, la Moselle.

A. M. CARON, domestique, C. Vendôme, D. Mortain, Pas de Calais.

Julien JOUVAIN, domestique, C. Yvandre, D. Perpignan, la Manche.

Pierre BANS, boucher, C. Perpignan, D. Tille, Pirénées Orientales.

François DU GASTRE, ... C. Ancolin, D. Nismes, Haute Garonne.

Alexis GIRAUD, soldat déserteur, C. Nismes, D...

J. F. WAMELLE, soldat déserteur, C. Vimoutier, D... Calvados.

Marie Charles PETIT, noble, C. Chaudeffont, D. Avignon, ...

Jean PÉROU, armurier, C. Avignon, D... Vaucluse.

N. MOULAIS, laboureur, C. Mercelli, ci-devant Bougogne.

Joseph GARNIER, militaire, C. Dol, ci-dev. Bretagne, D. Port Malo.

Jean THOMASSIN, marin, C. Port Malo, D... Ile et Vilaine.

Sebastien LEBEAU, laboureur, C. Noyal-Musillac, D... Morbihan.

Jean SANITER, tailleur, C. Pontrat, D. Aurai, Morbihan.

J. F. KERVOÏDER, perruquier, C. Aurai, D... id.

Charles Claude BROSSARD, cultivateur, C. Querzeau, D... id.

François DANIEL, laboureur, C. Noyal-Musillac, D. Vannes, id.

J. P. RIO, laboureur, C. Marzan, D... id.

Gilles GALLEC, journalier, C. Sarzu, D... id.

B. M. REGUIDEL, militaire, C. Vannes, D. Vannes, id.

Pierre DORSET, saunier, C. Sarzeau, D. id. id.

Henri BENISET, laboureur, C. Peubel, D... id.

J. M. CHRETIEN, sellier, C. Vannes, D Vannes, id.

Julien JEHANNO, vol (tigeur) de la 61 demi-brigade, C. Landevant, D. Aurai, id.

P. J. S. MARION DE LA MEUVRIE, avocat, C. Lille, D. Lille, Nord.

Jean-Louis VOIRIN, brigadier au 14e régiment à cheval, C. Piré, D... du Doubs.

Pierre HUBI, tisserand, C. Trevé, D. Loudéac, Côtes du Nord.

Jean Marie MADEC, déserteur de la ré(quisition), C. Baden, D. Vannes, Morbihan.

Florimond Marie Pétion, rentier, C. Rostrenen, D.., Côtes du Nord.
Joseph Tempier, déserteur de la réquisition, C. Mahou, D. Josselin, Morbihan.
Jean la Brousse, id., C. Prenesai, D. Loudéac, Côtes du Nord.
Guy Travaillé, id., C. id., D. id., id.
Mathurin Audrein, id., C. id., D. id., id.
François Auffrey, id., C. id., D. id., id.
Louis Letort, id., C. id., D. id., id.
François Mailhau, id., C. St-Guillaume, D. id., id.
Henri Guillemain, id., C. Gravé, D. Roche des Trois, Morbihan.
Olivier Dargent de Kuigerel, ... C. Pontcroix, D... Finistère.
Jean Jacques Salvar, greffier de Berné, C. Messan, D. Abuet, Morbihan.

TOTAL :

Fusillés..	713
Chouans condamnés à une détention de quelques mois.........	184
Acquittés et incorporés dans divers bataillons de l'armée républicaine et dans la marine..	2.848
Mis en liberté par arrêté des representans du peuple, ayant payé des contributions en grain....................................	2.000
Morts dans les prisons et hopitaux............................	400
Vieillards, femmes et enfants mis en liberté lors de l'entrée de l'armée dans la presqu'île....................................	3.000
Prisonniers français et arrachés des prisons d'Angleterre pour servir dans les régiments des émigrés	

*Certifié par le général commandant la troisième division
de l'armée des côtes de Brest,*

LEMOINE.

550 se sont jetés à la mer.....
800 ont péri dans la seule affaire du 28 messidor.

Angers, imp. E. Barassé.